¿DÓNDE ESTÁ BLUEY?

BUSCA Y ENCUENTRA

Beascoa

LA PLAYA

La playa es el lugar perfecto para pasar un caluroso día de verano. ¡No olvides la crema solar!

Busca y encuentra:

Bingo

Bluey

un par de chanclas

una pala rosa

un pelícano

la concha de Bluey

una toalla verde de rayas

un bote de crema solar

A DORMIR

Bingo está dormida y
soñando con el espacio.
¡Chsss! ¡Intenta no
despertarla!

Busca y encuentra:

Saturno

tres estrellas
brillantes

Blandi

un asteroide con forma de...

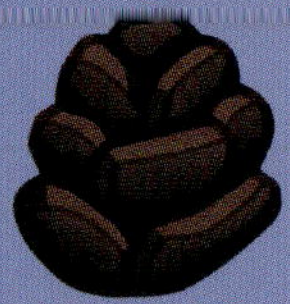

piña

pingüino

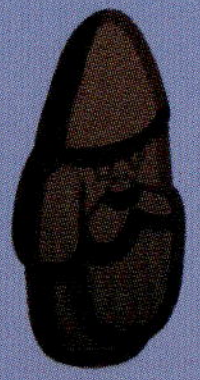

gnomo

pulpo

EL PARQUE

Ir al parque es muy divertido. Bluey y Bingo podrían pasarse todo el día jugando en él.

Busca y encuentra:

la bicicleta de Bluey

el casco de Bluey

la botella de agua de Muffin

una cacatúa

una cacatúa galah

un hatillo

una cesta de pícnic

un paraguas

JUNTO AL RÍO

Bluey y sus amigos están jugando a los espías mientras sus padres hacen una barbacoa. ¡Es hora de emprender una misión!

Busca y encuentra:

Chloe

Mackenzie

Honey

una pelota de tenis

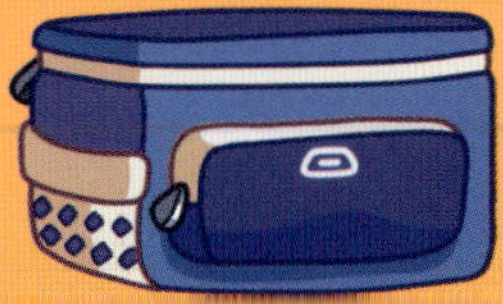

una nevera

tres piñas

un montón de piedras

un bote de tomate

un balón de fútbol australiano

ACAMPADA

La familia Pastor está de ¡vacaciones en el campo! Es casi hora de cenar, pero ¿dónde están Bluey y Jean Luc?

Busca y encuentra:

Bluey

Jean Luc

la mochila de Muffin

una tienda de campaña de palos

tres arbustos de flores naranjas

un cubo amarillo

un conejito linterna

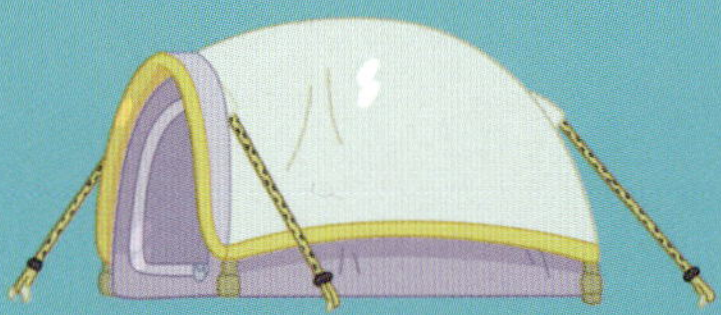
la tienda de los Pastor

SALA DE JUEGOS

¡Menudo lío! Muffin y Socks han venido de visita y se han perdido entre los juguetes de Bluey y Bingo.

Busca y encuentra:

Muffin

Socks

un bolso con forma de nube

César el Conejo

un globo rojo

un xilófono

un pulpo de juguete

un sombrero de tartán

SOcKs

LA HABITACIÓN DE BLUEY Y BINGO

Bluey, Bingo y Muffin están en su fiesta de pijamas. ¡Es muy divertido! ¡Ninguno quiere irse a la cama!

Busca y encuentra:

Bluey

Bingo

Muffin

dos almohadas con forma de nube

un saco de dormir

la almohada de Bluey

un cuento

un murciélago de la fruta

una foto de Bluey y Bingo

B

EL BARRIO

¡Cuánta animación
hay en el barrio!
A Bluey le encanta
jugar con sus amigos.

Busca y encuentra:

Judo

Lucky

tres contenedores
de reciclaje

el papá de Lucky

un árbol con
flores naranjas

la bicicleta de Bluey

el vagón rojo de
Bluey y Bingo

un gnomo de jardín

una nube con forma
de tortuga

EL JARDÍN

Bluey y Bingo se divierten en su jardín. Puede ser lo que ellos quieran... un zoo, una isla o ¡el lugar perfecto para jugar al mah-jong!

Busca y encuentra:

cinco gnomos de jardín

un dibujo de una jirafa

tres calcetines

una pelota de rayas

una mariquita

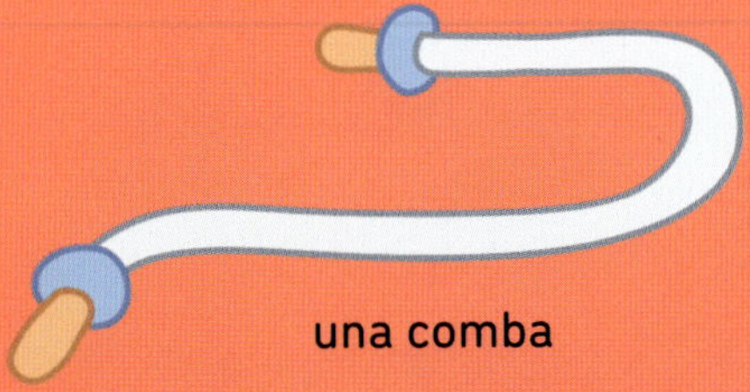

una comba

un cesta para la ropa

EN LA ESCUELA

Es hora de jugar en la escuela. Visita el fuerte de los Terriers y la aldea de gnomos de Honey. *¡Yuju!*

Busca y encuentra:

los tres Terriers

dos caballitos de juguete

un cocodrilo de juguete

tres gnomos

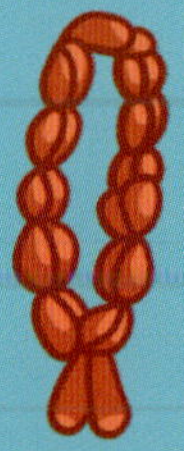

la pulsera trenzada de Calipso

un montón de palitos de madera

dos cojines amarillos

BARBACOA

Los Pastor están haciendo una barbacoa en la terraza... pero después de que Bingo prepara la ensalada, ¡nada está donde debería estar!

Busca y encuentra:

cinco flores amarillas

un bote de salsa barbacoa

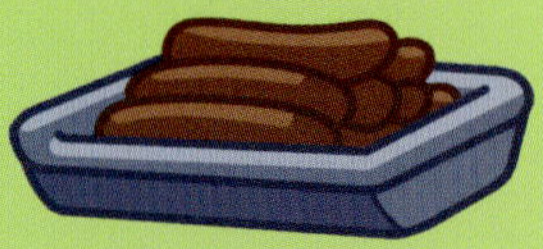

una bandeja de salchichas

la botella de agua de Bandit

la silla relax de Bingo

tres platos

dos vainas de semillas

EL RECIBIDOR DE LOS PASTOR

¡Bluey y Bingo no pueden salir de casa hasta que no encuentren algunas cosas!

Busca y encuentra:

cinco lagartijas pegajosas

las llaves de Mamá

un autobús de dos pisos

el sombrero de Bluey

el cepillo de dientes de Bingo

un pin de Australia

el teléfono móvil de Mamá

EN EL MERCADILLO

Visitar el mercado es muy divertido, sobre todo si tienes ¡algunos euros para gastar!

Busca y encuentra:

cuatro ponis

una bote
de mostaza

una cometa azul

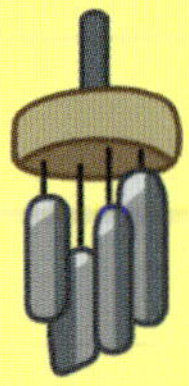

tres campanas
de viento

una manzana
de caramelo

una guitarra

$7
$9

BLUEY Y SUS AMIGOS

¡Felicidades!
¡Lo has encontrado todo!

Busca y encuentra:

BLUEY

(¡Cuidado con los falsos Blueys!)

¿Has encontrado a Long Dog en cada página?

SOLUCIONES